Contraste insuffisant

NF Z 43-120-14

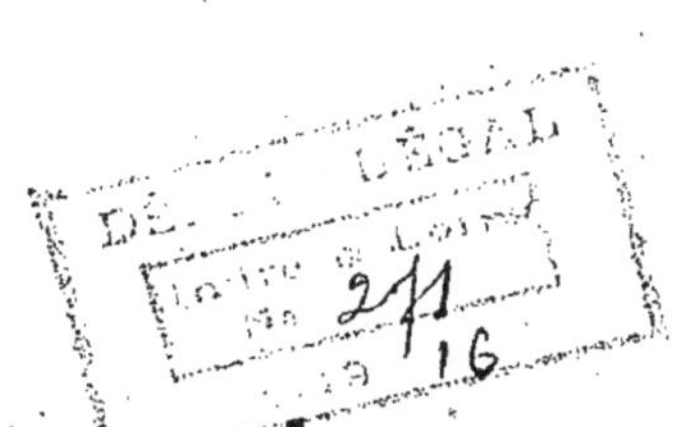

"Pages actuelles"
1914-1916

Les Armes déloyales des Allemands

PAR

FRANCIS MARRE

Chroniqueur scientifique du *Correspondant*.

PARIS-BARCELONE
BLOUD ET GAY, Éditeurs

—

1916

AVANT-PROPOS

Quand les Boches, violant délibérément les traités
— ces chiffons de papier sans valeur — ont envahi
la Belgique, ils ont eu recours aux plus atroces
cruautés. Quand ils ont pénétré en France, les meur-
tres, les viols, les incendies et les pillages ont marqué
leur route sanglante. « Krieg ist Krieg », répétaient
leurs généraux : la guerre est la guerre ; il faut
qu'une vague de terreur précède les armées alle-
mandes et fasse le vide devant elles.

Les Neutres, à ce moment, murmuraient: « Pauvre Belgique ! Pauvre France ! » La victoire de la
Marne leur a glorieusement répondu.

Plus tard, lors de la grande ruée sur Calais, nos
ignobles ennemis ont employé des nuages de gaz
asphyxiants pour tenter de démoraliser l'armée bri-
tannique et la nôtre.

Mais leur sauvagerie n'a servi qu'à les désho-
norer davantage et la victoire de l'Yser a définitive-

ment ruiné l'espoir qu'ils avaient conçu de parvenir à percer les lignes alliées.

Plus récemment encore, ils ont lancé sur nos tranchées des liquides enflammés, croyant nous contraindre à leur livrer enfin passage.

Malgré les torrents de feu qui les ont inondés, nos « bonhommes » ont tenu bon, et la victoire de l'Artois est venue prouver au monde que rien ne peut ébranler le vivant rempart de leurs baïonnettes.

*
* *

Les Boches, cependant, n'ont pas renoncé à leurs attaques félones, et, dans toutes les rencontres, ils se sont servis des armes les plus déloyales.

Ce qu'ils ont fait, ce qu'ils font tous les jours, le devoir de ceux qui savent est de le proclamer bien haut. Les soldats à la bourguignotte bleue sont inaccessibles à la crainte : ils ne le sont jamais à la pitié, et pourtant les sauvages qu'ils ont à combattre ne sont pas des hommes, mais des bêtes fauves..

Puisse la France ne l'oublier jamais et quand, après la paix glorieuse, les Allemands vaincus viendront, la tête basse et l'échine courbée, mendier leur pardon, puisse notre générosité native se souvenir que jamais un Boche ne cessera d'être pour nous un ennemi.

F. M.

Les armes déloyales des Allemands[1].

Dès le début des hostilités, les Boches se sont efforcés de prendre, aux yeux des Neutres, une attitude de victimes qui devait, croyaient-ils, leur concilier les sympathies universelles, ou tout au moins faire oublier ce qu'a d'odieux et de criminel leur façon de concevoir la guerre.

Malheureusement pour eux, les massacres d'otages, de prisonniers et de blessés, les fusillades d'enfants, de femmes et de vieillards, les atrocités sans nom dont ils se sont rendus coupables partout où ils ont passé, ont à tout jamais déshonoré leurs troupes.

Il n'est plus maintenant un seul homme de bonne foi qui ne considère l'armée germanique comme un ramassis de tortionnaires, de voleurs, et de bandits ou qui se refuse à penser que les marins de la Kultur sont des pirates sans foi ni loi. Toutefois, bien que l'opinion publique de tous

(1) Cette étude a été publiée, sous une forme plus réduite, dans la Revue des Sciences du *Correspondant*.

les pays du monde soit pleinement éclairée sur les brigandages de nos ennemis, il n'est pas inutile de verser des documents nouveaux au dossier du formidable procès qui sera jugé après la victoire des Alliés. C'est ce qui a été fait ici-même, il y a quelques mois, dans une étude ayant pour titre : *la Chimie meurtrière des Allemands* (1). C'est ce qu'il convient de faire aujourd'hui, en expliquant au grand public français de quelles armes déloyales se servent les soldats de Guillaume II.

(1) *La Chimie meurtrière des Allemands*, collection des *Pages Actuelles*, 1 volume illustré.

BALLES EXPLOSIBLES

Quand le chef d'une troupe d'infanterie veut faire exécuter des feux sur un objectif qu'il aperçoit, il commence par apprécier la distance de tir d'une façon aussi exacte que possible, puis il commande une première salve, en s'efforçant de distinguer à la jumelle les points de chute des projectiles. De cette manière, il constate si la hausse qu'il a indiquée est « correcte » et, au besoin, il la fait modifier, ce qui a pour résultat d'allonger ou de raccourcir les trajectoires, suivant que les balles arrivent en avant ou en arrière du but à atteindre. Cette méthode de réglage est d'un emploi facile, quand on tire, par temps sec, sur un terrain friable dans lequel les balles soulèvent, en s'enfonçant, un petit nuage de poussière, ou encore, sur un sol rocailleux dont elles détachent par leur choc de petits éclats donnant à distance l'impression fugitive d'un flocon de fumée ténue. Au contraire, si l'objectif à battre est en terrain mou, dans lequel les balles s'enfoncent, et disparaissent sans déterminer de projections solides à leur point de chute, le réglage du tir est souvent malaisé.

Il faut bien se dire, d'ailleurs, que la nécessité de « voir » l'endroit précis où les projectiles des premières salves viennent au contact avec le sol, n'est pas, à beaucoup près, aussi impérieuse qu'elle peut le paraître au premier abord. Un tir d'infanterie ne se règle pas de la même façon qu'un tir d'artillerie et, dans la pratique, la question qui se pose à ce sujet peut être résolue de façon satisfaisante, quelles que soient la consistance et la nature du terrain sur lequel est placée ou derrière lequel est partiellement abritée la troupe adverse. Cependant, les fantassins allemands et autrichiens ont cru devoir en faire l'objet d'ardentes controverses et ils lui ont apporté, il y a quelques années, une solution dont le sens réel nous a échappé... jusqu'au commencement d'août 1914. Ils ont tout simplement muni un ou deux tireurs d'élite, dans chaque compagnie, de quelques cartouches, dont la balle explosible dégage en éclatant un nuage de fumée noire, puis ils ont décidé que, dans tous les cas où il paraîtrait impossible d'effectuer par les moyens usuels un bon réglage de tir, on ferait usage de ces cartouches spéciales.

Au moment de la mobilisation, il se trouva que par le plus grand des hasards évidemment, la fabrique d'État Wellesdorf, qui est installée auprès de Vienne, avait constitué un stock de ces cartouches assez considérable pour qu'il pût en être distribué, dans les armées des deux Empires, aux gradés et aux trois ou quatre meilleurs tireurs de chaque unité combattante, soit à un homme sur quarante environ ; dans certains corps, il en fut même donné à un cinquième de l'effectif. Les caissons de compagnie, de bataillon ou de régiment furent approvisionnés de manière à ne jamais en laisser manquer les unités en ligne.

Dès l'entrée en campagne, les soldats, munis de ces « *scharfe Uebungspatronen* » (cartouches à balles pour expériences) se virent assigner un rôle bien déterminé ; ils ne participaient qu'exceptionnellement aux assauts et devaient avant tout se terrer dans des trous ou derrière des abris, de façon à pouvoir — non pas contribuer au réglage des feux de salve, — mais effectuer des feux à volonté sur ceux de nos tirailleurs qui paraissaient à leur vue, ou sur nos premières lignes, lors du départ des charges. Visant avec calme, ne gaspillant pas leurs munitions, ils perdaient peu de leurs balles et chacun de leurs coups mettait définitivement un adversaire hors de combat.

Quand les blessés des premières batailles arrivèrent aux ambulances et aux hôpitaux du territoire, les chirurgiens belges, anglais et français constatèrent sur certains d'entre eux des plaies épouvantables, dont l'aspect caractéristique ne leur permit pas d'hésiter à accuser l'armée ennemie de se servir de balles explosibles.

Des centaines et des centaines de constatations

concordantes furent établies par les soins du Service de santé des diverses armées alliées et notre Gouvernement adressa aux puissances neutres une véhémente protestation, motivée par ce fait que la Convention de Genève d'abord, la Convention de La Haye ensuite, auxquelles l'Allemagne et l'Autriche ont adhéré toutes deux, interdisent en termes très explicites l'emploi de projectiles explosibles, dans les fusils, les carabines, les révolvers, et généralement toutes armes de petit calibre.

Nos ennemis, qui n'en sont pas à un mensonge près, nièrent éperdument la forfaiture dont ils s'étaient rendus coupables. Ils affirmèrent d'abord que nos chirurgiens s'étaient trompés, et tentèrent de faire admettre un explication ingénieuse. « La charge de leur cartouche d'infanterie, expliquèrent-ils, est parfois défectueuse et leur balle n'a pas toujours un équilibre parfait. Aussi arrive-t-il, dans certaines circonstances, qu'au lieu de progresser la pointe en avant, le projectile se couche pour ainsi dire sur sa trajectoire et frappe le but de toute sa longueur, déterminant ainsi une plaie à grandes dimensions. » Convaincus d'imposture et mis en présence de précisions irréfutables, ils parlèrent de leurs fameuses cartouches de réglage dont, par erreur, quelques-unes avaient atteint un but animé.

Il serait facile de réfuter ces défaites misérables, en se bornant à donner le résultat des enquêtes officielles qui ont été poursuivies par ordre du ministre de la Guerre dans toutes nos formations sanitaires. Les déclarations unanimes de plusieurs centaines de chirurgiens civils et militaires auraient la valeur d'une preuve irréfutable. Mais il est, à tous égards, beaucoup plus significatif de faire connaître au grand public français ce que, à la suite de multiples constatations faites sur les fronts de Serbie, le docteur Reiss, a publié dans la *Revue militaire Suisse*. Le texte qui a paru sous sa signature n'est pas suspect de partialité, puisqu'il émane d'un médecin de haute réputation scientifique, appartenant à une nation non-belligérante. Il est d'une précision accablante.

« Les cartouches sont enfermées dans des cartons ordinaires de l'armée autrichienne, et remplis de deux chargeurs à dix cartouches. L'étiquette de ces cartons porte en lettres imprimées, la mention : *Einschusspatronen* ou *10 Stuck scharfe Uebungspatronen*. Ces balles proviennent de la fabrique Wellersdorf, près de Vienne. L'extérieur des cartouches est tout à fait semblable à celui des cartouches normales, mais elles portent à trois centimètres de la base un anneau noir ou rouge. En plus, la pointe d'une partie de ces cartouches est normale. Chez d'autres, il existe un petit prolongement aplati.

« A l'ouverture de la cartouche on constate dans la douille le chargement de poudre normal. La balle est aménagée de la façon suivante :

« Le manteau ne contient du plomb que dans

la pointe et dans la base de la balle. La partie antérieure renferme, en outre un récipient cylindrique entouré d'une feuille de plomb. Il est rempli d'un mélange que l'analyse, faite au laboratoire de Kragujewatz, a démontré être de la poudre noire comprimée, mélangée avec un peu d'aluminium pulvérulent. Une amorce de fulminate de mercure est posée au fond du récipient. Au fond de ce premier récipient, il s'en trouve un second, en acier, renfermant à l'intérieur une

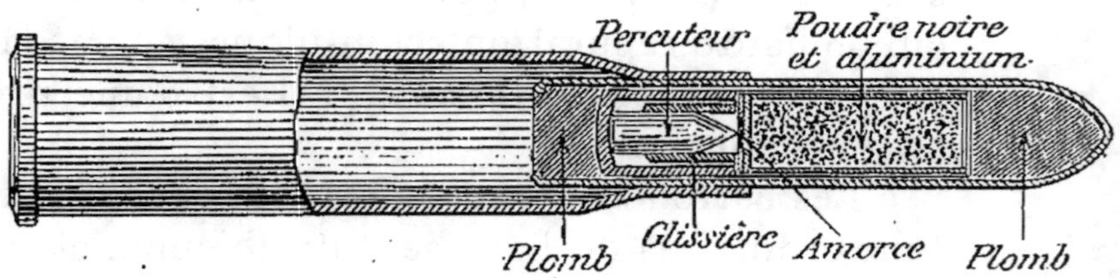

Fig. 1. — *Une cartouche à balle explosible.*

Voici, *d'après les études faites par des spécialistes neutres,* la coupe d'une des cartouches à balle explosible dont les soldats austro-boches font couramment usage.

glissière en laiton, dans laquelle est enchâssé un percuteur en acier. Si la balle, dans son trajet, est arrêtée par un obstacle quelconque (os, bois, etc,) le percuteur, poussé en avant par la vitesse acquise, vient frapper l'amorce et provoque l'explosion de la poudre, partant celle de la balle. Suivant le réglage de la glissière, c'est-à-dire, suivant que celle-ci est plus ou moins serrée, permettant au percuteur de jouer plus ou moins librement, l'explosion se produit dès que la balle rencontre le moindre obstacle, ou seulement quand sa course est fortement ralentie.

« Cette balle présente donc nettement tous les caractères d'un projectile explosible, tels que ceux qui sont employés jusqu'à maintenant pour la chasse aux pachydermes seulement.

« J'ai eu l'occasion de voir des blessures provoquées par de tels projectiles, soit dans les hôpitaux, soit même sur les champs de bataille, dans les ambulances de première ligne. En général, l'orifice d'entrée de la blessure est normal et petit. L'orifice de sortie est énorme et les chairs sont poussées au dehors, souvent en forme de champignon. L'intérieur de la plaie est déchiqueté,

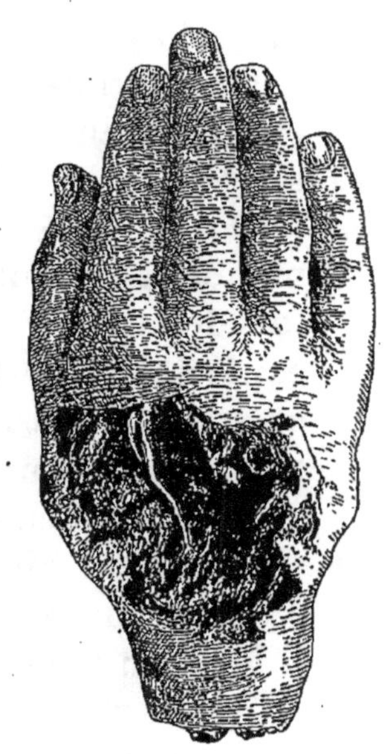

Fig. 2.

Ce dessin a été fait d'après nature. Il donne une idée des épouvantables désordres que les balles explosibles provoquent dans l'organisme humain.

et les os rencontrés sont brisés en petits morceaux. La balle en faisant explosion à l'intérieur du corps, est déchirée, et ses parties agissent comme une vraie mitraille. En plus, il y a l'action des gaz qui agrandit la blessure et brise les os. Les blessures sont ainsi fort graves. Un membre atteint par une balle explosible est presque toujours condamné à l'amputation. Une blessure à la tête ou au tronc est presque inévitablement mortelle. »

De multiples constatations du même ordre ont été faites chez nous, ainsi que par des spécialistes anglais, belges, russes et italiens. En présence de leur unanimité, il n'est pas niable que les Allemands et les Autrichiens violent délibérément les lois de la guerre, en armant leurs soldats de balles explosibles, c'est-à-dire de projectiles qui sont des obus en miniature et rendent presque à coup sûr mortelle la moindre blessure.

Ils n'ont à cela aucune excuse et le crime qu'ils commettent ainsi de propos délibéré ne comporte aucune espèce de circonstances atténuantes, Il faut, en effet, considérer comme un pur mensonge l'explication suivant laquelle les *Uebungspatronen* auraient comme véritable destination de faciliter le réglage des tirs d'infanterie : les expériences instituées à leur propos par le docteur Reiss sont, en effet, des plus concluantes.

« En ce qui concerne la fumée, écrit-il, sa quantité est relativement petite et ne se voit pas distinctement à longue distance. En plus, comme pour les mélanges explosifs d'aluminium et de magnésium employés en photographie, la fumée est immédiatement chassée par l'explosion des gaz à une hauteur plus ou moins considérable et le nuage de fumée ne se forme qu'à une distance

plus ou moins importante du lieu d'explosion.
Il est donc impossible que la fumée puisse indi-
quer si l'objet est réellement touché ou non.
Quant à la flamme, elle se voit bien pendant la
nuit, mais comment veut-on juger, pendant la
nuit, si vraiment la flamme se produit sur l'objet
visé ou non. En voyant briller dans l'obscurité
une petite lumière permanente, il est déjà
presque impossible de reconnaître sa distance,
parce que les éléments de comparaison font
défaut. Comment veut-on reconnaître sa distance s'il s'agit d'une lueur extrêmement fu-
gace ? Enfin, quand l'explosion se produit dans
le corps d'un homme, on ne peut voir ni fumée
ni flamme. Comment veut-on alors vérifier le tir ?
Uniquement en voyant tomber le corps que la
grave blessure provoquée a mis définitivement
hors de combat. »

PROJECTILES EMPOISONNÉS

Nos ennemis ne se bornent, du reste, pas à employer, pour faire à nos soldats le plus de mal possible, des balles explosibles, qui déterminent d'atroces blessures et enlèvent à l'adversaire touché par elles toute possibilité de guérison ultérieure. Ils n'hésitent pas à employer des projectiles empoisonnés, qui provoquent des phénomènes généraux d'intoxication et dont la mort est la conséquence à peu près inévitable.

Tout d'abord, les balles de leurs shrapnells, au lieu d'être maintenues en place par du soufre coulé, le sont par un mélange de soufre et de phosphore, et, comme leur surface a été intentionnellement munie de stries ou d'encoches irrégulières, elles retiennent toujours une certaine quantité de phosphore qu'elles entraînent avec elles dans les plaies.

Souvent, les balles explosibles elles mêmes contiennent dans leur chargement une sorte de noyau de phosphore rouge qui est projeté en tous

sens au moment où se rompt leur enveloppe.
L'auteur de ces lignes peut, à cet égard, apporter un témoignage personnel. J'ai vu, en effet,
vers le milieu de septembre 1914, un blessé arriver dans une ambulance avec une plaie très anfractueuse de la cuisse, compliquée d'un véritable broiement du fémur et d'une dilacération
complète des masses musculaires. Comme la
blessure, dont le pansement avait été tartif, présentait des signes non équivoques de grangrène
au début, le chirurgien chef de service voulut
employer le thermocautère pour pratiquer les
larges incisions qui s'imposaient d'urgence ; mais
au moment où il approcha l'outil porté au rouge
blanc, une courte flamme jaillit des tissus, accompagnée d'un bref dégagement de vapeurs
blanches ; trois jours plus tard, le patient présentait tous les symptômes d'une intoxication
phosphorée ; l'examen de son urine notamment
donna les résultats les plus significatifs. Des
faits à peu près identiques ont été signalés dans
diverses formations sanitaires et ont fait l'objet
de rapports ou de communications.

C'est ainsi, par exemple, que le professeur Tuffier, chirurgien des hôpitaux de Paris, a signalé
à la Société de Chirurgie le cas extrêmement
typique d'un blessé dont la plaie se couronnait
d'un petit panache de fumée à odeur nettement
phosphorée, quand on la lavait à l'eau oxygénée.
Le malade succomba au bout de sept jours, en
proie à une véritable cachexie toxique.

Aussi le docteur Grandjux a-t-il pu se demander si, chez les blessés de la guerre actuelle, « certains cas de morts lentes de cause indéterminée, ne seraient pas dus à des empoisonnements phosphorés ».

Tous ces faits sont d'ailleurs expliqués par l'emploi que font les Allemands de shrapnells dont les balles sont noyées dans une pâte à base de phosphore blanc et surtout par la découverte dans les gibernes de certains soldats prisonniers, de balles explosibles au phosphore : ces projectiles ont été étudiés par des officiers spécialistes qui, en des rapports d'une irréfutable précision, en ont fait connaître la structure et la composition.

BALLES EXPANSIVES

En même temps que de balles explosibles et de balles empoisonnées, l'infanterie allemande fait couramment usage de projectiles expansifs.

Le 26 septembre 1914, au combat de Ninove (Belgique), un oberlieutenant hanovrien, nommé von Halden, se rendit prisonnier et, dans ses sacoches, on trouva des cartouches à balle pour pistolet automatique, tandis que, sur ses hommes, on trouvait des balles du même genre, destinées à être tirées dans des fusils Mauser. M. Rousseaux, armurier-expert à Anvers, fut chargé par le ministre de la Guerre belge d'examiner ces munitions. Son rapport qui porte la date du 28 septembre, conclut en ces termes :

« La boîte à étiquette verte portant l'inscription *20 patronen n° 403 für die Mauser selbstlade Pistole, cal. 7,63* devrait contenir des cartouches pleines. Elle contient un râtelier sur trois de balles expansives dum-dum, extraites de boîtes spéciales à étiquettes jaunes. Ces balles sont rendues expansives dans la fabrication, et il n'est pas possible de les rendre telles à la main. »

La commission belge, chargée de faire une enquête officielle sur les violations des lois de la guerre commises en Belgique par les Allemands relate des faits absolument probants d'emploi de balles expansives. « Le médecin de bataillon Léon Pierre, écrit-elle, appelé à soigner le carabinier cycliste Leurs, blessé le 10 septembre 1914 dans un service de patrouille, a constaté que ce soldat a été frappé d'une balle dum-dum. » Le membre inférieur gauche était complètement déchiqueté : des malléoles au milieu de la cuisse, les fragments d'os sortaient des chairs. Une amputation du membre était indispensable pour sauver la vie de ce malheureux.

D'autre part, la commission belge publie le rapport suivant, qui est effroyablement typique.

« Le soldat Th. Levaut, du 5ᵉ régiment de lanciers, a été blessé le 27 septembre à midi, au combat d'Alost, par une balle expansive. L'orifice d'entrée correspondant au diamètre de la balle, siège à la réunion du tiers inférieur avec le tiers moyen de la face antérieure de l'avant-bras droit. La balle a éclaté emportant tous les os du carpe, les têtes des quatre derniers métacarpiens et les tissus mous de la face dorsale du poignet. A la face antérieure, la peau a été déchirée en différents endroits. Les lésions étaient telles qu'il a fallu procéder à l'amputation de l'avant-bras. L'opération a été faite le 27 septembre à 8 heures du soir par les docteurs Van de Velde, Wei-rynsck et de Bruyker. Assistaient également à l'opération le docteur Bossaerts, médecin en chef de la Croix-Rouge de Gand; les infirmières de service, Mmes M.-L. Lippens, E.-J. Braun, P. Lippens, Mlles de Hemptine et Lamont et les infirmiers Braun et Carpentier. Ci-joint deux photographies et une radiographie de la main amputée. La pièce elle-même est conservée. »

Ce document dont l'authenticité est garantie par les signatures des témoins de l'opération, établit qu'à n'en pas douter le Commandement allemand avait, dès l'entrée en campagne, distribué aux troupes des balles dum-dum avec l'évidente volonté de provoquer dans les rangs des troupes adversaires des blessures aussi graves que possible.

La fabrication de ces projectiles atroces est très simple. A l'inverse de la balle D française, qui est homogène, la balle du fusil allemand est formée d'un lot de plomb durci, enveloppé d'une chemise de maillechort. Si on fend longitudinalement cette chemise, de façon à ce que les fentes arrivent à la surface du noyau de plomb, celui-ci s'écrase au moment du départ dn coup, en raison de sa malléabilité qui le fait se déformer sous l'influence du brusque effort d'inertie. Quant à la chemise métallique fendue, elle s'écarte, permettant au plomb de faire en quelque sorte hernie entre ses fragments. Il s'ensuit que le projectile déjà déformé en route, continue à s'écraser sur

lui-même, dès qu'il rencontre un obstacle résistant, un os, par exemple; c'est alors un véritable
emporte-pièce de plusieurs centimètres de diamètre, qui agit sur les tissus, par arrachement
ou par broiement, produisant en eux des lésions

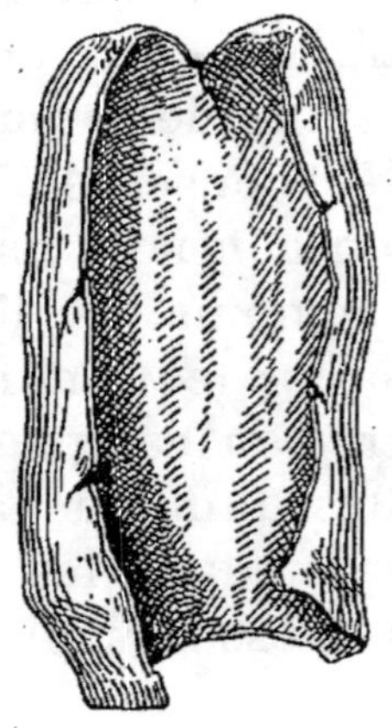

Fig. 3.

Ce dessin a été fait d'après nature. Il représente, à gauche, la
chemise fendue et déformée d'une balle allemande; à droite, le
noyau de plomb irrégulièrement aplati de la même balle. Les
deux projectiles ont été extraits, après autopsie, de la blessure
reçue par un soldat français, que tous les soins des chirurgiens
ont été impuissants à sauver.

irréparables, compliquées d'énormes pertes de
substance.

Un cas cité à la Société de médecine légale par
le docteur Leclercq, professeur agrégé à Lille,
rend très exactement compte de ce qui se produit ainsi. Un soldat atteint d'une vaste blessure
à la racine de la cuisse, mourut, en dépit des

soins qui lui furent donnés, quelques heures après avoir été apporté à l'ambulance. On découvrit, dans les masses musculaires, à deux ou trois centimètres de la surface, toute la chemise de la balle, fendue sur toute sa longueur, étalée sur elle-même et complètement vidée de son noyau : quant au plomb, on le trouva, partie dans le massif osseux du fémur, qu'il avait broyé, partie dans les muscles sous la forme de particules irrégulières projetées en tous sens.

Les fantassins allemands savent, d'ailleurs, très bien préparer eux-mêmes des balles dumdum ; et des prisonniers interrogés ont avoué, à maintes reprises, que, sur l'ordre et suivant les indications de leurs gradés, ils fendaient en long avec leur couteau de poche, la chemise de leurs balles « pour que celles-ci deviennent plus meurtrières ».

BALLES RETOURNÉES

Quand le temps manque aux soldats ennemis pour transformer en balles dum-dum les projectiles de leurs cartouches, ils recourent volontiers à un procédé plus simple encore.

Le fusil Mauser, en service dans toutes les troupes à pied, comporte, pour la mise en place de la baïonnette, une pièce rainurée logée à l'extrémité supérieure du fût et en contact avec le canon. Cette pièce est marquée d'une échancrure destinée à loger le tenon de la poignée de l'arme. Si, maintenant le fusil de la main gauche et prenant de la main droite une cartouche à balle, on introduit dans cette échancrure la pointe terminale du projectile et si, l'immobilisant, on lui fait subir une sorte de pression de bas en haut, la douille de laiton cède, le sertissage de la cartouche se desserre et la balle se trouve libérée. Il ne reste alors au soldat qu'à la réintroduire dans la douille, en y plaçant non plus sa pointe, mais sa partie de base. Quand on brûle dans le

Fig. 4.

Ce dessin a été exécuté d'après nature sur les indications fournies par un Alsacien évadé de l'armée allemande dans laquelle il servait au moment de la déclaration de guerre. On distingue, en haut, l'échancrure destinée à loger le tenon de la poignée de baïonnette.

Dans les fusils d'infanterie du dernier modèle, la grenadière qui fixe au canon l'extrémité supérieure du fût, comporte un crochet grâce auquel le retournement de la balle des cartouches est grandement facilité : la balle étant maintenue par ce crochet, un seul mouvement de haut en bas suffit à opérer le dessertissage de la douille. Le mécanisme de cette opération est appris aux hommes par les sous-officiers. C'est lui que montre le dessin ci-dessus.

fusil la cartouche ainsi modifiée, le tir à longue portée, est dépourvu de justesse ; mais, aux distances de 150 à 200 mètres, il est extrêmement meurtrier. En effet, au lieu d'arriver au but. la pointe en avant, la balle subit une sorte de renversement ou plutôt de mouvement de bascule, qui la fait arriver sur l'obstacle tandis qu'elle se trouve pour ainsi dire plus ou moins couchée sur son axe. Elle détermine alors d'effroyables lésions.

Parfois, elle se renverse seulement, après avoir pénétré dans les tissus mous, et au moment où elle vient au contact d'un os. Dans ce cas, elle produit de véritables effets d'explosion, en projetant en tous en sens les fragments de massif osseux qu'elle broie sur une large étendue. Les désordres produits sont, dans ce cas, plus considérables encore : dans le tronc ou la tête, ils ont pour conséquence la mort presque immédiate ; dans les membres, ils rendent inévitable l'amputation d'urgence,

Le docteur Lavielle, médecin-chef de l'Hôpital auxiliaire 86 *bis*, a publié dans les *Archives provinciales de Chirurgie* quelques observations relatives à des blessures de ce genre, et qu'il rapporte à des

Fig. 5.

La balle, ayant été enlevée de la douille, est replacée la pointe en bas. Le dessin montre l'aspect que prend alors la cartouche.

balles retournées dans leurs douilles avant d'avoir été tirées. C'est ainsi qu'il note le cas d'un soldat qui, étant dans la position du tireur couché, fut atteint d'un projectile qui pénétra dans la partie supéro-interne du bras droit et s'en alla sortir dans la région de l'épaule. « La simple inspection de sortie du projectile indique que la blessure n'a pas été faite par une balle ordinaire, car le deltoïde, dont les chairs renversées au dehors ont été violemment refoulées, a littéralement éclaté. »

BALLES EN BOIS

Au cours d'attaques récentes, notamment en septembre 1915 sur le front de Champagne, certains prisonniers-allemands ont été trouvés porteurs de cartouches comportant une balle en bois, traversée suivant son axe d'une tige en fer mou, et munie à la pointe d'une sorte de capuchon en acier, à la base d'une rondelle épaisse de plomb. Ces cartouches, uniquement destinées à la guerre de tranchées, par conséquent au tir à courtes distances, sont extrêmement dangereuses et font des blessures d'une terrifiante gravité. Leurs balles, en effet, éclatent dans les plaies, projetant en tous sens des fragments irréguliers, qui produisent des désordres graves par dilacération et par arrachement. Elles constituent donc de véritables balles dum-dum, perfectionnées, plus terribles peut-être que les classiques balles expansives, dont la chemise a été volontairement segmentée.

Le mécanisme suivant lequel elles agissent est

facile à comprendre. Au moment où elles atteignent leur but, si elles viennent à frapper une partie solide du squelette qui oppose à leur progression un obstacle résistant, le culot de plomb est entraîné en avant par un effet d'inertie : il écrase la tige de fer mou qui forme l'axe du pro-

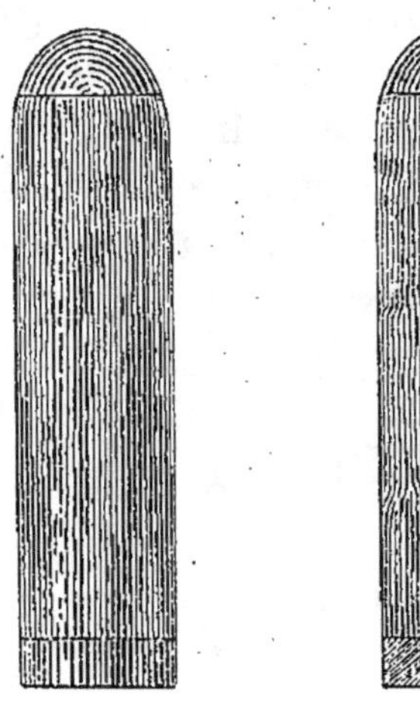
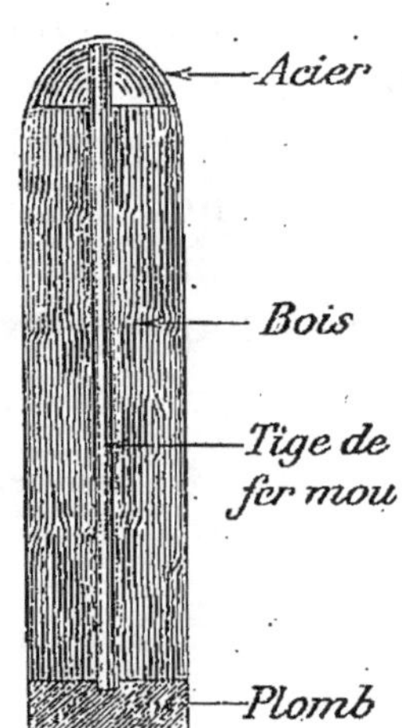

FIG. 6.

Ce dessin, *exécuté d'après nature*, montre l'aspect extérieur et la coupe d'une des balles en bois dont les soldats boches se servent pour le combat à courte distance et qui produisent d'effroyables blessures.

jectile et, avec elle, le bois, qui constitue le corps de la balle ; il vient ensuite heurter le capuchon d'acier qui coiffe la pointe et le transforme en une sorte de large champignon aplati. Les échardes de bois, d'une part, et, de l'autre, le capuchon de la balle transformé en une rondelle aux bords irrégulièrement lacérés constituent autant de projectiles secondaires ; puis, les débris de la tige axiale et le culot sont eux-mêmes animés de vitesses suffisantes pour provoquer les plus atroces ravages dans les tissus, sur lesquels ils se comportent comme autant d'emporte-pièces.

Les soldats allemands dont les gibernes contenaient ces « cartouches spéciales » ont déclaré qu'elles leur avaient été distribuées depuis peu et que leurs chefs leur avaient ordonné de les utiliser seulement pour tirer à des distances inférieures à 150 mètres.

BAIONNETTES A DENTS DE SCIE

Dans quelques unités d'infanterie allemande et dans tout le corps des pionniers, certains hommes sont armés d'un sabre-baïonnette, à lame aplatie et large dont un bord est tranchant tandis que l'autre est taillé en dents de scie. Officiellement c'est un outil portatif, destiné à jouer le double rôle de scie à main et de sabre d'abatis, suivant la façon dont il est employé. En réalité, c'est une arme très dangereuse, qui, emmanchée au bout du fusil, fait des blessures beaucoup plus graves que celles de baïonnettes ordinaires, en raison de ce fait qu'elle produit des effets d'arrachement quand le soldat la tire à soi pour la retirer du corps d'un ennemi.

Mais les officiers allemands savent raffiner sur la barbarie. L'ordre est donné à tous les hommes armés de la baïonnette-scie de ne jamais partir pour l'assaut sans avoir pris la précaution d'en enfoncer à plusieurs reprises la lame dans le sol meuble, de façon à ce que les aspérités retiennent en elles des particules terreuses susceptibles d'infecter les blessures infligées à l'ennemi. Cet ordre d'une cruauté réfléchie... et scientifique est parfois perfectionné encore. Lors d'une attaque en Artois, une compagnie allemande fut prise sous le feu de nos mitrailleuses et complètement anéantie : les nôtres ayant progressé et conquis du terrain, eurent l'obligation d'enterrer les ca-

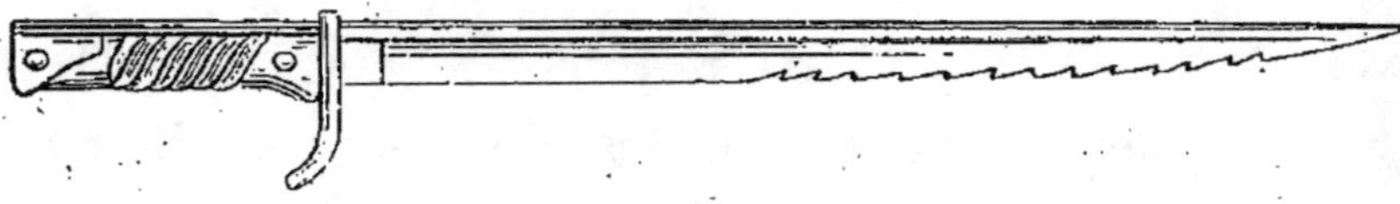

FIG. 7.

La baïonnette à dents de scie des Boches. Il n'est besoin d'être ni menuisier ni charpentier pour se rendre compte, d'un coup d'œil, que cette arme ne peut en aucune manière rendre de services à un travailleur d'infanterie qui l'utiliserait en guise de scie. Les dents coupantes dont elle est munie sont trop grosses et trop irrégulières pour pouvoir sectionner les fibres du bois autrement qu'en les arrachant et les dilacérant. Par contre, la baïonnette à dents de scie est une arme terrible, qui fait des blessures effroyables et provoque dans les tissus des désordres irréparables.

davres ennemis et il fut alors possible de constater que toutes « les baïonnettes-scie de la troupe massacrée étaient enduites de matières fécales ». On juge, sans qu'il soit nécessaire d'insister, quelles complications atroces de septicémie et d'infection stercoraire auraient subies les blessures dont les nôtres étaient menacés.

HAMEÇONS ET CROCHETS D'ACIER

Il est évident que les baïonnettes ainsi infectées sont terriblement meurtrières ; mais leur emploi n'est pas sans danger pour les immondes individus qui s'en servent. Le combat à l'arme blanche comporte une redoutable part d'aléa, quand l'un des adversaires est un soldat français. La fine aiguille d'acier brillant qui complète le fusil Lebel a cloué au sol des milliers de Boches à qui l'escrime alerte des parades est loin d'être aussi familière qu'elle l'est à nos « bonhommes ».

Aussi les Allemands ont-il pensé à se servir d'une arme toute différente, qui ne les expose à aucun péril et qui, par suite, convient merveilleusement à leur tempérament de lâches et de félons.

Vers la fin de 1915, un journal de Paris, a inséré avec l'autorisation de la Censure, une note qui doit être tenue pour certainement véridique, puisque sa publication a été soumise au contrôle officiel préalable. Aux termes de cette note, il a été découvert dans des boîtes de conserves faisant partie de lots importés d'Amérique et destinés à l'alimentation de nos troupes de fins hameçons d'acier, aux pointes acérées, inclus dans la masse musculaire des viandes et de dimensions si exiguës qu'ils pouvaient être facilement avalés en même temps que ces viandes elles-mêmes. On conçoit, sans qu'il faille insister, que ces hameçons peuvent causer de redoutables blessures, soit qu'ils s'arrêtent dans l'arrière-bouche, soit qu'ils se fixent dans les parois de l'œsophage, soit qu'ils déchirent l'estomac ou l'intestin. Une enquête a révélé que, dans les usines d'où provenaient les lots de conserves en question, une partie de la main-d'œuvre était composée d'Allemands, plus ou moins américanisés par des naturalisations apparentes « à la manière de Delbrück ».

FIG. 8.

Voici, *grossis quatre fois*, deux crochets d'acier aux pointes très acérées, semblables à ceux dont il a été trouvé de nombreux exemplaires dans des viandes en conserve fournies à l'Intendance de notre armée par des usines américaines employant de la main-d'œuvre boche. Le soldat qui eût avalé l'un d'eux par mégarde se fût trouvé, sans rémission possible, condamné à une mort épouvantable, produite par une perforation de l'estomac ou de l'intestin.

D'autre part, dans des avoines, des orges, ou des foins achetés aux États-Unis, par l'Intendance française, et devant servir à la nourriture des chevaux de l'armée, il a été fréquemment découvert, soit des hameçons du même genre, soit des crochets à trois branches, soit des petits brins de fil de fer tordus et apointés. Grâce à ces engins minuscules, notre cavalerie pouvait être privée d'un nombre considérable de montures. Le fait est certain et ne saurait être nié. L'auteur de ces lignes a eu en main les preuves indiscutables de ce qu'il avance.

Les précautions nécessaires ont, bien entendu, été prises pour mettre nos hommes et nos chevaux à l'abri du péril. Mais il faut retenir et ne jamais oublier ce trait nouveau de la façon ignominieuse dont les Boches nous font la guerre.

NÉCESSITÉ DE JUSTES REPRÉSAILLES

A toutes ces horreurs dont les Allemands se sont rendus ainsi coupables tous les jours, depuis le début des hostilités, nous n'avons répondu jusqu'ici que par le mépris et jamais aucun de nos généraux ne s'est cru le droit d'infliger à l'ennemi la juste peine du talion. Nous faisons la guerre en gentilshommes et nous nous imposons de ne point nous départir d'une impeccable loyauté.

Il n'est pas certain que nous ayons raison d'agir ainsi.

Dans une campagne coloniale, quand une poignée d'Européens se trouve aux prises avec des nuées de sauvages incapables de faire quartier et ne comprenant pas qu'un blessé est sacré puisqu'il n'est plus combattant, nous obéissons strictement aux lois de la guerre. Une fois hors d'état de nuire, l'adversaire cesse d'être pour nous un ennemi.

L'expérience a prouvé que les êtres les plus éloignés de notre civilisation finissent par comprendre la beauté sereine de notre conduite, et la modération dont nous savons faire preuve en toutes circonstances, finit par forcer leur admiration. Tous ceux qui ont pris part à des expéditions lointaines sont unanimes à le proclamer.

Mais si les pires sauvages sont accessibles aux sentiments généreux, il est désormais démontré qu'à cet égard leur valeur morale est infiniment supérieure à celle des Boches. La guerre actuelle dure depuis de longs mois et nos ennemis, pleinement conscients de l'impossibilité où ils se trouvent d'échapper à la défaite, font appel à tous les moyens de torture que la science moderne met à leur service. Est-il admissible que nous refusions de les punir comme ils le méritent? Ne faisons-nous pas preuve de faiblesse en ne retournant pas au moins contre eux les armes mêmes dont ils ne craignent pas de se servir?

Puisque nous avons affaire à des êtres sans honneur, sans conscience et sans foi, pourquoi ne prenons-nous pas la décision de les prévenir que, désormais, tout prisonnier trouvé porteur d'une cartouche à balle explosive, à balle expansive, à balle empoisonnée, ou d'une baïonnette à lame volontairement infectée, ne sera pas considéré comme un soldat, mais comme un bandit et à ce titre, pendu haut et court, sans jugement? Pourquoi ne pas les informer, en même temps, que nous pendrons de même tous les officiers et tous les gradés faits prisonniers lors d'une attaque au cours de laquelle un seul des nôtres aura été atteint par un projectile dont le Droit des gens interdit l'usage ? Pourquoi ne pas les avertir qu'après la Victoire nous pendrons autant d'officiers allemands que nous aurons trouvé d'hameçons dissimulés dans les conserves, les graines ou les fourrages ?

La menace suffirait, à coup sûr, si elle était formulée sur un ton énergique et en des termes explicites. De toute la langue française, le mot dont les Boches devraient le mieux connaître le sens est celui de *Représailles.*

TABLE DES MATIÈRES

4183. — Tours, imprimerie spéciale de la Maison BLOUD ET GAY.